dirk uwe hansen

wolkenformate

gutleut verlag

wird was wolkenform hat

sag mir sirene was

friedhof

dirk uwe hansen

wolkenformate

gedichte

reihe **staben**

wird was wolkenform hat

wolken eins

wie eingedrückte rümpfe wie
glaub nicht was nach diesem grau
sehen fische schiffe stehn
an unsichtbaren brücken warten ab
in kreisen weißer gischt

kondensate

ist zeit ohne farbe und mitten im
körper ausdehnungslos (punkt)
sind striche gesichtet in zwei
richtungen : linien
enden fasern verfilzt
auf dem weg zurück
suchen ein anderes
gleich es zu spiegeln

rhododaktylos reverse

sind zwei finger
breit überm horizont
ballen wolken
krakeln mit schlackenschwarz
hinter scheiben
schmelzen die reste vom
regenbogen
vor dem anstich

luftlinie

hauchzeichen unter dem ultramarin zwei
die halten die luft
an den kopf im nacken gestarrt es
driften bögen berührung die

weht wo sie will : erst
wenn einer gleichzeitig ein-
atmet und aus hebt
unendliches auf

volar

ist kein anfang kein wort
was sonst : also ewig
da ein langsamer blitz am
heiteren himmel

gemengelage

war nicht anders und hebt
grauen köpfen den
findling auf weiß

in stratosphären gesponnen ist
kalt keine zahl gibt
ohne grenzen keine bewegung

sichtungen

ist das licht flüssig und glas
körper gefüllt fängt
im netz die farben ein weiß
ein stoff von nasser haut
aus der schale gelöst
verpflanzt : versprechen von wolken

tangente

tangente nur einmal
nur wenige schritte
über die krümmung hinaus

einmal den blick
gegen die schwerkraft gehoben
hinter die wolken die
vor dem himmel

über die sonne die
in den wolken verborgen
wirft ihre strahlen hinauf
parallelen schneiden sich überall

laterne und nebel

manchmal wirft das laternenlicht
klebriges (schwebstoffe) aus

eis in flocken ist unter der
rinde von ästen die sind

unerreichbar die werfen das
aus wie ein netz und gerinnt

fängt im kreis seine farbe ein
nach einer mondfinsternis

spiegel

hat jedes unendlich zwei
richtungen vom
grau herunter dahinter hinauf ins eis
schneisen schnürboden auf dem
scheiben schneiden die welt in
schienen neben un-
wandelbaren götter die wege der

seebrücke

könnte immer so weiter
gehn zwischen fugen aus luft
furchen stäbe in rauen
schwellen darunter die glas
falten spiegeln sich wellen
sind die gefroren im sand

treibhaus

malt sich ein kind ein haus in der luft
sind die wände das dach ist aus glas
ist glatt wie beriebener fels sind
flechten von wäßrigem kalk
ist von erde genommener staub
auf strauch in spiralen geschossen
malt seine kleine welt damit aus

schalen

die fliegen nicht die
über die klinge gezwitschert was
vorher nicht da war wird grau
und flach ist aus innen und außen kein körper

kreis gelb das quadrat
kugel und kubus möglicherweise

anakoluth

leicht verschweißte schichten wie
viele nuancen von durch-
sichtig geben ein blau

kratzen schatten tiere huf
schläge enkaustisch ins dünn
aufgedampfte metall

enallage

sind zwei platten verbaut sind
zwischen wirklichkeiten
spiegel geschoben quillt
ohne oberfläche bleibt
zeichen endet aufs wort

etymologie

manchmal invertieren die töne bleibt
farbe das graue rauschen tauscht
wolke mit himmeln die rollen

bindet wasser trocken in fasern ab
diffundiert nach außen die
schwerkraft im innern der sphäre

metamorphose

ist ein kegel die zeit
sind schattenschläge horizont
wartet sie aufrecht durch den himmel hinein

ins gedächtnis verpuppt
sind widerhaken ornament
blättert sie abwärts ihre tropfen voraus

modi

könnte man würfel draus schneiden sind
kälten wie marmor gemasert
höhle spröde getrocknet und späne
die werden kein wasser mehr
läuft gewebe ins trübe das
fault an den rändern zuerst

zentriert

ist licht das mittel von
flüssig und nichts ist
alles unendliche hat breit
einen rand in der farbe von eis

so als gäbe es eine
richtung ohne bewegung
so als wären die
luftwurzeln nichts als ein tanz

zitate

ist wie aus dem gedächtnis und fein
an den himmel gewalkt und durch
den schleier das fell in das sich das hüllt

steckt der falke kopfüber im schnee
an der brust die grattagen schwarz
es könnten die federn weißer nicht sein

sag mir sirene was

eins

Ein Falter hat seine Flügel
ein Raupenspinner vielleicht
auf das atmende Meer
ein kleines Stück weiches Papier
auf einen Luftballon gelegt.

Weitestmöglich entfernt
schaufelt die Krabbe den Graben aus Schlick.
Wächst die Bewegung, und reißt die Seide
die letzte Verwandlung ein
rückwärts sich krümmender Wurm.

neunte sirene

sag mir seelchen was hast du verloren
suchst deinen weg auf bewegtem meer
oder
ist es leichter zu land
vielleicht
rückwärts gehen : den letzten schritt
immer aus angst

zwei

Alles kann man falten aus
Papier fällt, wenn es fliegt, immer
auf die beschriebene Seite.

Zeilen zwischen Bruch,
Kante und Tal.
Anfänge einer Versprechung.

achte sirene

sag mir seelchen was hast du noch vor
verlangst nach spuren im weiß
oder
gleitet es weiter davon
vielleicht
gibt es bewegung nicht

drei

Nimm das eigene Haar, oder nimm
Staub, der wächst nach innen und außen
(Partikel durch Vibrationen
in Position gerückt).

Kein Schlaf : Schlafen macht
unwillkürlich bewegen.
Lies das schwindende Licht. An der Wand ist
Weiß die Summe der Farben ist Schwarz.

siebte sirene

sag mir seelchen wo wohnst du
hörst du noch menschen hinter dem glas
oder
malst du selbst deinen fußboden blau
vielleicht
atmest du einen himmel

vier

Später wusste wahrscheinlich
niemand mehr, aus
welcher Richtung er kam auf
diesen Hügel. Er stand : schafskurze Grasnarbe
über ein bisschen Schutt,
schon eine Weile dort.
Zog zuerst seine Jacke
aus zog Hose und Hemd, da
hätte er nackt (Socken, Unterhose auch)

sein müssen, da war er schon fort.
Was noch bleibt ist ein Hauch
von Bewegung : Er warf seine
Kleider auf Dächer und Kräne der Stadt, auf
(traf natürlich nicht dabei)

Türme und Sterne und Mond.
Was die Alten erzählen : Er hatte
von Anfang
an keine Schuhe.

sechste sirene

sag mir seelchen was bist du für eine
hängt dir der spiegel wieder zu tief
oder
macht dir niemand ein bild
vielleicht
sind sie alle dir selbst nicht genug

fünf

Nie war das hier als Eingang gedacht
außer für Kohlen für Fässer für was
sonst noch der Alltag verbraucht
(was weiß ein Kind denn schon davon).

Nutzlos geworden die Stufen. Führen
nur noch zur Hecke, die wirft
Schicht für Schicht ihre Blätter
ab in den Schacht, die lösen sich

auf in der Pisse der Männer,
der letzten noch immer.

fünfte Sirene

sag mir seelchen was hast du dabei
ein laken ein kissen für deinen kopf
oder
liegst du in lockerer erde
vielleicht
wirst du mensch oder pflanze

sechs

Manche Teile der Mauer sind immer zu
dünn. Dazu noch die Ritzen an
Fenstern und Türen.
Was gerade kommt : Danach
die bunten Steine aus Plastik ein Turm.

Manchmal
reichen die roten kaum für
eine Treppe bis über das Dach,
ist die Milchstraße nichts als ein Weg.

vierte sirene

sag mir seelchen was willst du
bist du wirklich so groß
oder
trägst du die augen offen
vielleicht
hast du angst vor dem flug

sieben

Reichen wenige Schnitte so dünn
wie längst vergessene Nähte.
Ist über die Haut
der Arm leicht gefaltet.

Anwendung : Tägliches Brot
im anatomischen Theater.

dritte sirene

sag mir seelchen wer bist du
suchst du der zuschauer blick
oder
hörst du die eigene lunge
vielleicht
bleibst du für immer nach außen gestülpt

acht

Perfekte Landmarke : drei Birken
heben sich Zeile für Zeile um einen Schatz.

Fahnenflüchtiges Grün
dünn an den äußersten Zweigen
im Schatten und über dem
Schatz wächst nur Moos.

Eine Körperlänge von A nach B
doch wachsen Birken und Kind
reicht irgendwann der Platz
nur noch zum Stehen.

zweite sirene

sag mir seelchen wie kommst du hierher
läufst du aus eigener kraft
oder
hast du das fliegen verlernt
vielleicht
war deine landkarte falsch

neun

Ist der Adler das einzige Wesen, das
glaubt, es könne die Sonne sehen
mit bloßem Auge (und schützt ihn
die dünne Haut). Ist aber Wahrnehmung
niemals ein Anderes als der Schmerz
zwischen Innen und Außen.

erste sirene

sag mir seelchen wo bist du gewesen
hinter den lidern die welt
oder
flatterst du schon mit den flügeln
vielleicht
hört es am anfang auf

friedhof

1

bisschen übermannshoch und
spalten zwei oder drei
stämme die stehn auf den kröpfen von
riesen ziehen die straße
breit genug einen bus zu
wenden : warten die münze in der hand

2

hund schlägt läufer a1
oder o aber dann
vierundzwanzig und ist hier kein
krumm kein rund ist noch nicht einmal
schräg hängt griff über hahn
darin vergessen das wasser

3

wandel ohne gewichtsverlust
flügel wiegen die hülle
(ohne fühler : die puppe)
auf die wiegen sich selbst in der luft
wiegen was körper war hält
der kleine windstoß die würfel
die echten aus bein am
boden zusammen

4

denn es
stirbt nur was
ganz ist ist halb
festge-
halten im

kreis das gesicht
schwarze
erde ein
halbes quadrat
glänzt die

hälfte der
buchstaben und
zahlen
bröckeln die
linken zuerst

5

bleibt funktionslos der letzte
wall die letzte grube da
hinter vielleicht ein feld

wird nicht grüner das gras
wird höchstens
gelb was reif ist löscht
farbe löscht form das ist dem
licht (der grenze) dann weit
gehend egal

6 | styx

kommt unsterblichkeit immer zu
früh verlangt nach
tod nach leben nach tot

kriechen kreise zu
rück in den stein und bein
geschworen : schweigt wie ein gott

biografie

dirk uwe hansen, dichter, übersetzer, altphilologe, geboren 1963 in eckernförde, studierte klassische philologie an den universitäten hamburg und köln.
seit 1995 ist er wissenschaftlicher mitarbeiter an der universität greifswald. seine dissertation *das attizistische lexikon des moeris. quellenkritische untersuchung und edition* erschien 1998 im verlag de gruyter berlin.
aus dem altgriechischen übersetzte er lukians schrift *über den tod des peregrinos* und die *theognidea* (beide erschienen darmstadt 2005). seit 2011 erscheint im hiersemann verlag stuttgart die deutsche übersetzung der *anthologia graeca* (übersetzt von jens gerlach, dirk uwe hansen, christoph kugelmeier, peter von möllendorff, kyriakos savvidis, herausgegeben von dirk uwe hansen). aus dem neugriechischen übersetzte er phoebe giannisis gedichtband *homerika* (erschienen bei reinecke und voß 2016). gemeinsam mit dem griechischen dichter und übersetzer jorgos kartakis übersetzt er gedichte zeitgenössischer griechischer autoren, die regelmäßig auf den internetseiten fixpoetry.com und poiein.gr erscheinen.
2014 gab er gemeinsam mit michael gratz die anthologie *muse, die zehnte. antworten auf sappho von mytilene* (freiraum verlag greifswald) heraus.
seit 2008 veröffentlicht er gedichte in zeitschriften und anthologien (u. a. *konzepte, silbende_kunst, der greif, jahrbuch der lyrik*). 2011 erschien *sirenen*, 2012 *sappho – scherben – skizzen*. (beide im udo degener verlag), 2013 *zwischen unge/sehnen orten* im verlag silbende_kunst köln.

inhalt

wird was wolkenform hat | seite 5-25

wolken 1 | seite 6 | **kondensate** | seite 7 | **rhododaktylos reverse** | seite 8 | **luftlinie** | seite 9 | **volar** | seite 10 | **gemengelage** | seite 11 | **sichtungen** | seite 12 | **tangente** | seite 13 | **laterne und nebel** | seite 14 | **spiegel** | seite 15 | **seebrücke** | seite 16 | **treibhaus** | seite 17 | **schalen** | seite 18 | **anakoluth** | seite 19 | **enallage** | seite 20 | **etymologie** | seite 21 | **metamorphose** | seite 22 | **modi** | seite 23 | **zentriert** | seite 24 | **zitate** | seite 25

sag mir sirene was eins-neun | seite 27-45

friedhof 1-6 | seite 47-53

kiesgrube | **botanischer garten** | **feuer (prometheus)** | **danae** | **nebel** | **reziprok** | **pendens** | **dorsch (indoors)** | plakatumschlag innen

wolkenformate | dirk uwe hansen

1. auflage | 2016
© **gutleut** verlag | frankfurt am main
reihe **staben** [nr. 08]
alle rechte vorbehalten

ausstattung, satz und umschlag [unter verwendung von fotografien aus der serie *landskeips* von michael wagener]: **gutleut** gestaltung
gesetzt aus der din und der din condensed
gedruckt auf schleipen werkdruck, circle*offset* und passat chromoduplex gd2
druck und verarbeitung: druckhaus köthen
printed in germany

gutleut verlag | kaiserstraße 55 | d-60329 frankfurt am main
mail@gutleut-verlag.com | www.gutleut-verlag.com

isbn 978-3-936826-84-5